Charles Aubertin

Le Bourgeois de Paris au XVIIIe siècle

essai

ISBN : 978-1533131089

10 9 8 7 6 5 4 3 2 1

Charles Aubertin

Le Bourgeois de Paris au XVIIIe siècle

essai

Table de Matières

Partie I

Tout le monde connaît ou du moins croit connaître le moderne bourgeois de Paris, celui qui vit sous nos yeux, dans notre société, et qui est quelque peu de notre famille. En regard de ce personnage, illustré par le roman, par le théâtre et par les révolutions, héros semi-tragique de notre histoire intérieure depuis quatre-vingts ans, présentons ici une figure plus simple et d'un dessin plus sévère : c'est l'ancien bourgeois de Paris, tel qu'il existait en 1771, déjà pénétré des influences nouvelles, mais ferme dans ses traditions, fidèle aux mœurs du passé, et gardant, en dépit des excitations de la politique, un fonds de sagesse héréditaire plein de promesses pour l'avènement d'un véritable esprit de liberté. Le Parisien d'autrefois, le bourgeoisie la vieille roche n'est pas très difficile à peindre ; il a des opinions tranchées et des affections stables ; on sait ce qu'il est, il sait ce qu'il veut : c'est un caractère. Façonné par une étroite discipline, : il manque d'audace, et, comme nous disons, d'initiative ; un reste de préjugés offusque sa raison, il y a plus d'un côté provincial, dans cette nature neuve encore. Pour le bien juger, écoutons-le, car il à cédé, lui aussi, à l'humeur communicative du siècle et à la mode des indiscrétions, il a conté ce qu'il voyait, il a tenu registre de ses impressions personnelles, et nous a laissé sur lui-même et sur autrui des volumes de confidences.

Pendant soixante-quinze ans, de 1715 à 1789, durant cette longue fermentation qui travaille la société française avant de la détruire, d'obscurs bourgeois de Paris, ignorés du public et s'ignorant entre eux, mais également touchés de l'attrait du spectacle déployé sous leurs regards, écrivent jour par jour avec un zèle qui ne se dément pas l'histoire des agitations contemporaines. Aucune interruption ne brise l'unité fortuite de cette œuvre collective qu'un même souffle anime, qu'un même sentiment a inspirée ; dès que l'un se fatigue et pose la plume, l'autre la reprend et poursuit le récit commencé. Dans la foule des narrateurs de toute origine et de toute éloquence qui nous ont transmis le vivant souvenir du XVIIIe siècle, ils forment un groupe distinct ; ils sont pour ainsi dire les chroniqueurs jurés et les historiographes officieux du tiers-état, interprètes et témoins d'une opinion déjà puissante, qui ne gouverne pas encore, mais se fait respecter de ceux qui

Charles Aubertin

gouvernent. Ils ne fréquentent ni les salons, ni les antichambres, ni les coulisses ; leur point de vue n'est placé ni si haut ni si bas. Ils ont pour champ d'observation la rue, le carrefour, l'église, les galeries du Palais, le comptoir du marchand, le cabinet de l'avocat, la Sorbonne janséniste et le foyer fanatique du vieux quartier latin, le pavé de Paris enfin. Cachés dans ce monde laborieux et populaire, ils en recueillent les voix, ils en traduisent les bruits ; ils ne songent nullement à sortir du milieu qu'ils observent, la curiosité seule chez eux est ambitieuse. Ils meurent comme ils ont vécu, charmés du plaisir de voir et de l'orgueil de savoir, tenant à juste honneur leur qualité d'enfans de Paris, de citoyens de la grande ville, sans accuser l'ingrate fortune, sans même se plaindre de n'avoir pas, comme quelques-uns, pignon sur rue. On peut saisir entre eux des différences d'humeur et de situation ; mais ces nuances font ressortir plus vivement les ressemblances essentielles et les traits caractéristiques. Nés au cœur même de la cité, ayant à un degré sensible la verve indigène, l'esprit parisien, celui qui dans ses jours d'éclat et de puissance devient le malin génie d'un Molière, d'un Voltaire ou d'un Despréaux, ils appartiennent tous à la classe moyenne, à cette classe instruite et active qui touche au peuple par la médiocrité de son état, aux rangs supérieurs par ses lumières. Le premier en date et le moindre de tous, Buvat, est un simple écrivain de la Bibliothèque royale et presque un homme du peuple ; mais il est intelligent, il a fait ses classes, on le souffre dans la société de l'abbé Bignon et de l'abbé Sallier, où l'écho des régions gouvernementales arrive jusqu'à lui. Matthieu Marais, avocat lettré et spirituel, fait plus grande figure ; lié avec Boileau, correspondant de Bayle exilé, biographe de La Fontaine, ami du président Bouhier, ses goûts et ses amitiés l'ennoblissent. On redescend d'un degré avec Barbier, sorti, lui aussi, d'une famille de légistes et de praticiens, avocat comme Matthieu Marais, mais avocat consultant, aussi peu curieux de belles-lettres que d'éloquence, beaucoup plus attentif au solide de sa profession qu'à la gloire. Hardy, qui commence quand Barbier finit, Hardy qui ferme la série de ces représentans de l'opinion parisienne entre Louis XIV et la révolution, ne dûment en rien l'origine et l'esprit général de ses devanciers : par sa naissance et son éducation, par le caractère de sa vie et de ses idées, il est le continuateur légitime de leurs traditions et de leur entreprise. — Mais qu'est-ce donc que ce nouveau-venu tiré pour la première fois de son obscurité profonde et introduit par nous dans l'histoire politique de la ville de Paris ?

En suivant, à partir de la Seine, la rue Saint-Jacques, dont nous ne voyons plus que des tronçons épars et comme des échantillons, on rencontrait, à main gauche, au coin de la rue des Noyers, supprimée, elle aussi, presque entièrement, la chapelle de Saint-Yves. Fondée au XIVe siècle en l'honneur d'un avocat breton, de celui-là même qu'avait rendu fameux ce singulier panégyrique : *advocatus et non latro, res miranda populo*, elle était le rendez-vous des plaideurs échappés aux griffes de la chicane ; ils suspendaient à la voûte les sacs de leurs procès, comme les boiteux guéris, dit un historien, suspendent leurs béquilles au sanctuaire d'une madone. Le boulevard Saint-Germain passe aujourd'hui sur l'emplacement qu'elle occupait. La chapelle, au XVIIIe siècle, faisait face à une librairie d'apparence modeste, mais d'excellent renom, riche en livres sérieux, heureusement située dans le voisinage des grandes écoles, à deux pas de la Sorbonne et du Collège de France, au cœur même de ce quartier studieux et religieux, où les collèges, les couvens, les églises abondaient, où les gens de loi se mêlaient aux écoliers et aux moines. C'est au fond de cette maison, au milieu des rayons couverts de livres et sur le comptoir même de sa boutique, que Siméon-Prosper Hardy écrivit pendant vingt-cinq ans, de 1764 à 1790, l'histoire contemporaine ; c'est de là que ses mémoires, formant huit volumes in-folio, ont passé aux manuscrits de la Bibliothèque nationale. Il faut un peu modifier nos idées sur la librairie moderne pour apprécier au juste ce qu'était, il y a cent ans, un libraire de Paris. On n'entrait pas au hasard ni de plain-pied dans la communauté des libraires et imprimeurs, qui comprenait environ 210 membres : après un apprentissage dûment constaté, on était tenu de produire un certificat de solides études classiques signé du recteur ; on subissait ensuite, dans la chambre royale et syndicale de la rue du Foin-Saint-Jacques, l'examen professionnel devant un jury de huit membres désignés par le sort ; les registres faisaient foi des notes obtenues et de la décision des juges. Ce qui restreint la liberté a souvent pour effet d'accroître la considération. Les ordonnances de 1618, 1624, 1723, en exigeant des garanties, avaient en retour accordé des privilèges ; la profession de libraire et

Charles Aubertin

d'imprimeur, séparée « des arts mécaniques, » était assimilée aux carrières libérales : la communauté faisait corps avec l'Université. Ses officiers en charge assistaient, revêtus de leurs insignes, en manteau et en rabat, aux processions du recteur, aux distributions des prix ; ils avaient leur rang marqué dans toutes les solennités classiques, beaucoup plus nombreuses et plus pompeuses qu'aujourd'hui ; — bref, les libraires de ce temps-là étaient en quelque sorte des bibliothécaires en titre, attachés au service des études universitaires.

Le caractère libéral de la profession paraît surtout dans l'auteur de ces mémoires. Hardy était d'une bonne famille de moyenne bourgeoisie qui s'honorait de compter parmi ses membres des professeurs et des magistrats. Son grand-père maternel, Delaval, avait été recteur ; son beau-père et son cousin germain, du nom de Duboc, étaient conseillers au Châtelet. Ces vieilles familles, aux mœurs patientes et fortes, gravissaient lentement par le labeur des générations les degrés de la notoriété publique et de la fortune ; quelquefois elles faisaient irruption dans la gloire, grâce à un génie imprévu sorti de leur sein. Sur la grande route de l'ambition, qui n'a jamais été déserte en France, elles formaient la première station ; les audacieux qui montaient des profondeurs du peuple s'arrêtaient là, et reprenaient haleine avant de tenter l'accès des rangs supérieurs. En 1781, quand M. de Juigné fut nommé archevêque de Paris, Hardy lui rappela dans une lettre respectueuse qu'il avait été son camarade de classe à Navarre et aux Grassins, qu'ils avaient fait leur seconde ensemble en 1745. La lettre reçut un froid accueil, Hardy se souvenait trop, et le prélat trop peu ; elle nous révèle du moins l'âge de l'auteur, et. nous pouvons sur cet indice fixer à 1728 la date vraisemblable de sa naissance, année où naquit M. de Juigné. Buvat mourut un an après ; Marais avait alors soixante-trois ans, et n'écrivait plus que pour répondre au président Bouhier ; quant à Barbier, né en 1689, il était dans la force de l'âge et dans toute sa verve d'observateur et d'annaliste. A quelques pas du cabinet d'affaires où notre avocat, tout en expédiant les plaideurs, compilait sa chronique, dans cette même rue Galande, hantée par, les officiers de la chicane, Hardy vint se loger en quittant les Grassins, « un peu au-dessus de la rue des Anglais, » qui existe encore, et le camarade de classe du futur archevêque entra comme apprenti chez un imprimeur nommé Quillau, établi rue du Fouarre, « ancien adjoint de sa communauté, commissaire des pauvres et marguillier de sa paroisse, » dont le billet mortuaire, daté de 1764, a été recueilli, je ne sais par quel hasard, aux manuscrits de la Bibliothèque nationale. En feuilletant les anciens registres de la chambre royale et syndicale, conservés aux archives de la bibliothèque, on y peut lire de fréquentes mentions et de nombreuses signatures de Siméon-Prosper Hardy jusqu'au 18 mars 1791, époque où les registres finissent avec la corporation. Le 15 mai 1755, sous le syndicat d'un Didot, il est reçu libraire ; le 26 juin 1771, élu adjoint au syndic, il arrive aux honneurs de sa profession ; le suffrage lui donne pour collègue un autre Didot, François-Ambroise, grand-père de l'éditeur de ce nom. Dès lors il n'oubliera plus de mentionner dans ses mémoires les cérémonies publiques où il représentera, en qualité d'adjoint titulaire ou d'adjoint honoraire, la librairie de Paris. Ce sont les dates lumineuses de sa vie, et cet éclat modeste paraît lui suffire.

De bonne heure il eut l'idée de son journal ; il était né chroniqueur. Avant même de passer maître et de s'établir rue Saint-Jacques, il rédigeait de courtes notices sur les affaires du temps : on les retrouve sur la première page du recueil ; mais il ne commença sérieusement et avec suite qu'en janvier 1764. Dès lors plus de lacunes, l'œuvre se continue jusqu'à la révolution. Tenu en grande estime par ses confrères, il ne semble pas que la prospérité de son négoce ait répondu à la considération dont il jouissait. Faut-il en accuser la politique ? On ne rédige pas impunément un journal de 4,082 pages. Quand on le voit se servir de ses livres de commerce pour y coucher par écrit ses réflexions en matière d'état sous ce titre : *Mes loisirs, journal d'événemens tels qu'ils parviennent à ma connaissance*, il est permis de se défier de ce commerçant qui se donne tant de vacances, et use ainsi des registres destinés à ses comptes courans. Il ne faut donc pas s'étonner si, sur la liste des 210 imprimeurs et libraires de Paris, distribués en vingt catégories suivant l'importance de leurs impositions, Hardy n'appartient qu'à la dix-septième classe. Tandis que les maisons puissantes, les Panckouke, les Lebreton, les Barbou, les Briasson, les Duchesne, les Didot, les Durand, les Moutard, paient une somme qui varie de 100 à 200 livres, Hardy est coté à 26 livres ; pendant trente ans,

Charles Aubertin

ce chiffre ne change pas, ce qui prouve que ses affaires, malgré la position avantageuse de la maison et la bonne renommée du maître, restent stationnaires. En 1790, l'assemblée nationale ayant fait appel aux dons patriotiques, notre libraire-citoyen se signale par une souscription volontaire de 1,200 francs, l'une des plus fortes que contienne le rôle de la corporation ; dès que la politique et le patriotisme sont en jeu, Hardy reprend ses avantages, et passe dans la première classe. Homme excellent et de noble instinct, en qui le point d'honneur prime toujours la question d'argent ; il était aussi de cette race inquiète d'esprits très français qui aiment le fracas des événemens et l'orage des passions publiques. Ils ont la fièvre de l'intérêt général, ils s'y dévouent en idée, faute de mieux ; leur imagination habite les espaces indéterminés où se développent les péripéties des grandes affaires. Sans doute il serait malséant d'appliquer à cet observateur sérieux et instruit le mot de Voltaire sur « les grimauds qui gouvernent l'état du haut de leur grenier ; » lui, il a passé sa vie à sa fenêtre pour voir comment l'état était gouverné. De cette curiosité persévérante il est résulté un amas énorme d'informations et de documens devant lequel a reculé la Société de l'histoire de France ; entre tant d'auteurs de mémoires aujourd'hui révélés, le libraire est le seul qui n'ait point trouvé d'éditeur. On l'a même si peu lu, qu'on n'a pas su découvrir dans le manuscrit son nom et sa signature, qui pourtant s'y trouvent ; on a tenté de le dépouiller de sa propriété littéraire pour en gratifier indûment un inconnu. Faisons-lui l'accueil dont il est digne, et rendons-lui, avec le titre de son œuvre, le rang qui lui appartient à côté de ses devanciers. Voyons comment un Parisien, élevé dans les anciens principes, mais depuis trente ans mêlé par goût aux agitations du siècle, un représentant de ces classes moyennes, sur lesquelles passait alors un souffle de tempête, a jugé les débuts de la révolution. Supérieur à Barbier par la gravité du caractère et par la facilité du style, Hardy ajoute une nuance nouvelle à la physionomie historique du bourgeois de Paris.

Partie II

Au milieu du XVIIIe siècle, le bourgeois de Paris n'est pas encore libre penseur ; il le devient, mais lentement, et non sans résistance.

Le premier sentiment que lui inspirent ces philosophes dont la gloire fait rumeur autour de lui, c'est une curiosité ombrageuse où domine l'hostilité. — L'ironie voltairienne lui échappe par sa finesse, lui déplaît par son audace. Cette manière dégagée d'affronter les sujets défendus, cette science mondaine et cosmopolite qui profane de clartés irrespectueuses le sanctuaire théologique, tout cela le déconcerte et le blesse ; les plus enracinées de ses croyances ou de ses habitudes se soulèvent contre la témérité des novateurs. Il a peu lu d'ailleurs les écrivains du jour, il les connaît par ouï-dire et les juge sur le fracas de leur célébrité ; mais, si le bourgeois de Paris résiste encore au scepticisme agressif, il s'en faut bien qu'il soit un croyant soumis et satisfait. Il a de l'humeur contre le dogme et prend des libertés avec la pratique ; il poursuit de son aversion la plus franche le fanatisme persécuteur : comme nous dirions aujourd'hui, il est au plus haut degré anticlérical. C'est un des traits marquans de son caractère ; sur ce point-là, les dissidences s'effacent : incrédules et croyans se réunissent dans la haine de l'esprit ligueur et ultramontain. Barbier, Marais, Hardy, natures très diverses, reproduisent fidèlement par leur accord et par leur diversité cette rencontre sur un terrain commun, cette coalition des défiances et des antipathies de la bourgeoisie parisienne en matière de religion. Marais est sceptique, et, selon son expression, « bayliste ; » son style abonde en malices contenues qui sont bien d'un temps où grandit Voltaire. Sous la régence, il représente une très faible minorité du peuple de Paris ; il a plutôt les opinions émancipées des classes supérieures que les sentimens conservateurs du tiers-état : il sert de trait d'union entre deux mondes qui se touchent sans se pénétrer. Eh bien ! ce même Marais, voltairien avant l'apparition de Voltaire, éclate avec aigreur contre les légèretés de plume et les frasques de conduite qui échappent au jeune Arouet ; il est scandalisé, il le traite de « fou, de myrmidon et d'impudent. » Il applaudit presque aux coups de bâton et à l'exil, tant il est vrai que, même sous la liberté d'une pensée qui a rompu avec les préjugés, nous retrouvons ce fonds d'impertinent mépris prodigué de tout temps aux gens de lettres et aux philosophes par l'esprit bourgeois ! Épicurien, Barbier a pour principe l'indifférence ; occupé de ménager ses aises en ce monde, il ne se fatigue pas à raisonner la croyance ou l'incrédulité.

Charles Aubertin

Il estime la religion une chose utile, excellente pour le peuple ; il entend qu'on la respecte, sauf à s'en passer lui-même et à s'en moquer dans l'occasion. Sur les controverses théologiques qui passionnent l'opinion, il prononce un mot superbe où il se peint au vif. « Cela, dit-il, est sans conséquence pour le commerce ! » Il a pourtant entendu parler « du livre d'*Encyclopédie*, » il sait que *l'Esprit, des lois* est « un chef-d'œuvre, » il dit de Voltaire : « notre fameux poète, » il est d'avis que Rousseau « écrit au-dessus de tout, » sortes de phrases qui sentent non pas « la pension ou l'abbaye, » selon le mot de La Bruyère, mais le comptoir et la boutique, c'est-à-dire l'admiration banale des esprits du commun, prompts à se récrier de confiance sur les réputations à la mode et à prendre leur enthousiasme dans la gazette. Voici en contraste avec Barbier l'indifférent et Marais l'incrédule un chrétien déclaré : Hardy ne procède ni de Bayle ni de l'*Encyclopédie* ; son maître, ce n'est pas Voltaire, c'est Rollin.

Malgré la contagion des influences nouvelles, il garde jusqu'à la fin, dans leur intègre sincérité, les convictions de sa jeunesse. Nulle part vous ne rencontrez sous sa plume les licences de pensée ou d'expression si fréquentes. chez ses devanciers. Il appelle Jésus-Christ « notre auguste rédempteur, » il croit au Dieu « protecteur des empires ; » l'*Essai sur les mœurs* ne l'a pas détaché de la philosophie de Bossuet et de la politique du *Discours sur l'histoire universelle*. Ne croyez pas que ce soit là une fidélité isolée et discréditée ; les sentimens professés par Hardy conservaient alors, à Paris même, dans le peuple et la bourgeoisie, un reste d'empire moins affaibli qu'on ne le suppose généralement. Le fait suivant, si peu important qu'il soit, nous est un indice de cette force durable des croyances et de cette longue impression de respect qui ne céda pas sans peine à la persévérance de l'attaque et de la dérision. En février 1766, le roi Louis XV, chargé des hontes publiques et privées de son règne, traversait le Pont-Neuf au sortir d'un lit de justice tenu au parlement. Un prêtre portant les sacremens au gouverneur de la Samaritaine croise le cortège. Le roi descend de carrosse et se met à genoux sur le chapeau d'un officier de sa suite, « quoiqu'il fît ce jour-là, dit notre chroniqueur, des boues prodigieuses ; » le prêtre, s'étant arrêté, donne au roi la bénédiction. « Ce trait fut admiré de tous les témoins et applaudi par des cris redoublés de *vive le roi* ! » Observez ici la différence des temps : ce qui rendra Charles X impopulaire en 1829 ramène à Louis XV la faveur publique en 1766. Hardy déteste les philosophes, « ces héros et ces coryphées de l'impiété moderne ; » il a du moins le bon goût de ne pas les insulter : il n'en dit rien, et la république des lettres semble un pays fermé pour lui comme pour Barbier. On peut lire cependant d'intéressans détails dans son journal sur le retour de Voltaire en 1778 ; nous y trouvons la contre-partie des récits enflammés que nous ont laissés Grimm, La Harpe et Marmontel. Hardy est loin de ressentir de pareils transports : il se tient à l'écart, regarde passer l'ovation irritante et le tumulte ennemi ; il est de ceux qui protestent par de secrets murmures : « c'est un délire, une idolâtrie inconcevable ; on ne s'entretient, on ne rêve partout que du poète Voltaire. » L'homme des vieilles croyances et des respects traditionnels se sent menacé par l'explosion de ce triomphe qu'il est contraint de subir et qu'il avoue. Sur le même rang que les philosophes, sa haine a placé les jésuites et tout le clergé ultramontain. Chrétien convaincu, il touche par un point aux incrédules, aux railleurs, aux encyclopédistes : comme tout Paris, il est anti-clérical. Son langage a même une âpreté qui manque à ses devanciers : ceux-là riaient, lui, il gémit et s'indigne, — les violences qui désolent l'église lui soulèvent le cœur. Dénonçant avec amertume « la noire cabale des soi-disant ci-devant jésuites, » il flétrit les vices des prélats grands seigneurs et le despotisme des prélats persécuteurs ; il plaint leurs victimes, « ces personnages pieux, savans et respectables, accusés depuis près d'un siècle d'une hérésie purement imaginaire, » proscrits et dépouillés par un zèle hypocrite. Ici le fond de l'âme se découvre et le secret éclate : Hardy est janséniste. — Sceptique, indifférent ou janséniste, tel est le bourgeois de Paris au XVIIIe siècle, ce sont les trois formes de son opinion en matière religieuse ; mais il faut rendre à ce terme de janséniste, effacé aujourd'hui comme la chose même qu'il exprimait, son énergie et sa couleur. Ranimons un instant cette partie de notre histoire politique trop méconnue ; seule, elle peut nous expliquer les vraies origines du mouvement insurrectionnel qui aboutit à 1789. D'où venait en effet à l'opinion janséniste cette puissance étrange d'entraînement et de séduction naïvement constatée par l'avocat Barbier : « la bonne ville de Paris, de la tête aux pieds, est janséniste ? »

Charles Aubertin

Le XVIIIe siècle, que nous croyons posséder à fond parce que nous en parlons sans cesse, contient de vastes espaces, pleins de vie et de mouvement, que nous ignorons presque, ou qui du moins n'offrent plus à notre esprit qu'une image éteinte de la vérité historique. En lettrés que nous sommes, nous attachons à l'action de la philosophie militante une importance exagérée, nous lui rapportons en tout événement l'honneur de la réussite ; nous abolissons par la pensée tout ce qui lui est étranger, et sa main seule nous apparaît dans l'œuvre de la révolution. Vue exclusive et partiale dont le tort est de supprimer un fait considérable, à savoir l'existence d'une puissante opposition politique antérieure à la propagande littéraire des philosophes, opposition purement française d'origine, qui, sans rien prendre aux Anglais ni aux livres, a créé d'une part le milieu ardent où les fermens nouveaux devaient plus tard éclater, et de l'autre a posé le principe générateur de 1789 en plaçant la volonté du peuple au-dessus de la volonté du roi ! Il faut voir dans les mémoires contemporains comme cette opposition remuait Paris bien avant *l'Esprit des lois* et le *Contrat social*, quels beaux dévoûmens elle a suscités, quels caractères intrépides, et d'une fermeté qui n'a rien de moderne, elle a mis en lumière ! Selon l'expression énergique d'un témoin très compétent, d'Argenson, elle rédigeait, dès le milieu du siècle, les cahiers des états-généraux. Sous deux formes distinctes, un même esprit animait ce grand parti de la résistance : l'opposant de ce temps-là était janséniste en religion et parlementaire en politique ; il vivait d'une double haine, la haine de Rome et la haine de Versailles, noms qui résumaient et symbolisaient à ses yeux tous les abus du despotisme, clérical ou séculier, monarchique ou ultramontain. Ces deux antipathies mêlées et confondues, ces deux élémens de colère et de révolte, pour ainsi dire forgés ensemble, donnaient à l'opposition une trempe inflexible, une ardente ténacité. Le jansénisme y mettait, pour son compte, l'âpreté sombre, la rancune immortelle, l'entêtement puritain, et, ce qui nous manque trop aujourd'hui, le courage du sacrifice, le mépris hautain de la souffrance. La fusion des deux partis réfractaires se montre bien dans la fameuse maxime qui était l'âme du mouvement et le drapeau du combat : « la nation est au-dessus des rois, comme l'église universelle au-dessus du pape. » Or qu'est-ce que cela, sinon le régime des assemblées préféré au pouvoir irresponsable d'un seul ? Qu'est-ce encore, sinon la volonté de protéger par des règles fixes et de solides barrières la vie, les biens, l'honneur, la conscience et les droits des citoyens, l'intérêt public et la sûreté de l'état contre les violences, les vices et les corruptions qui naissent fatalement de l'arbitraire ? Il y avait donc au fond de la querelle janséniste une question politique qui en sécularisait le caractère et en transformait l'importance. L'air de cloître et d'école, l'humeur morose et tracassière de la doctrine, disparaissaient sous l'influence magique de la passion ; restait la flamme intérieure, le sentiment jaloux de la dignité personnelle, et dans la crise des persécutions le prestige du martyre : tout cela prêtait à l'opinion janséniste une sorte de grandeur exaltée qui lui gagnait les masses. Pas plus que le Parisien d'aujourd'hui, le bourgeois d'il y a cent ans n'avait un goût très vif pour la casuistique. Il passait par-dessus ces insipides subtilités et jugeait des combattans par le cœur ; se mêlant aux controverses sans en entendre la langue, il y entrait d'enthousiasme et par emportement. N'est-il pas curieux cependant de voir le XVIIIe siècle débuter en théologien dans la voie d'opposition à outrance qui doit le conduire à l'athéisme ?

Représentans-nous le Paris de Louis XV au lendemain de la régence, ce Paris où la barbarie perce encore sous le brillant d'une politesse récente, où l'on pend « à la croix du Trahoir, » où il y a un pilori et un carcan, où l'on fleurdelisé publiquement les mal famés et les suspects, « où l'on vole partout dès que la nuit est arrivée, où l'on ne rencontre plus personne dès sept heures du soir ; » — cette grande ville si superstitieuse malgré les esprits forts, si attachée à ses habitudes bourgeoises malgré les exemples de haute corruption donnés par la cour : — un feu latent, inextinguible, y circule, et la moindre étincelle partie de Versailles ou du Vatican provoque une explosion. Dès que le parlement, gardien des apparences de nos libertés, entre en lutte et fait échec au clergé ultramontain ou aux ministres, l'émotion gagne toutes les classes ; une immense adhésion appuie la résistance et l'excite : on se presse aux abords du Palais, on assiège les salles et les rues voisines, on bat des mains sur le passage des magistrats, on leur jette des couronnes, on crie : « Vive le parlement ! voilà de vrais romains, les pères de la patrie ! » Suivent les coups d'éclat, démissions en masse, lettres de

Charles Aubertin

cachet, bannissemens, interruption de la justice. Il suffit d'ouvrir le premier venu de nos chroniqueurs, l'on voit se réveiller aussitôt le vieux forum parisien avec ses multitudes, ses tribuns, ses chefs de parti, tout y reprend vie et couleur ; une précision originale nous rend sensibles les agitations de cette fronde dévote et parlementaire, l'énergique bigarrure de l'ancienne liberté que nous supposons trop volontiers timide et sans moyens d'action. Nous qui avons connu et subi tant de tyrannies déguisées, tant de libéraux imposteurs, des défaillances périodiques et des violences tour à tour applaudies, nous appartient-il de regarder d'un œil dédaigneux les essais incorrects de cette liberté incomplète dont nos luttes plus régulières n'ont pas toujours égalé la force et la sincérité ?

Le janséniste Hardy est un ami zélé du parlement, et ce zèle, toujours en quête de nouvelles politiques, enrichit son journal. Bien qu'une effective participation aux grandes affaires et aux nobles périls constitue un privilège interdit à son ambition, il s'engage, autant qu'il peut, dans la lutte, il y met son âme et le meilleur de sa vie ; il assiste aux séances des jours de crise ; rentré chez lui, il prend ses registres et consigne le souvenir des débats orageux, des incidens mémorables. On dirait qu'un reflet des scènes historiques dont il est l'ardent témoin illumine et transfigure par momens son obscurité. La province même l'intéresse, il suit au loin les développemens de la résistance ; ses correspondans l'informent des événemens, lui envoient les pièces importantes, les documens nouveaux, harangues, remontrances, arrêts, exposés des motifs. Muni de ces textes authentiques, Hardy les transcrit avec un soin, une patience, ou plutôt avec une piété qu'aucun détail ne rebute et que la plus verbeuse éloquence ne réussit pas à décourager. Il se constitue d'office et pour la satisfaction personnelle de son patriotisme le greffier du procès pendant entre la couronne et la nation. Hardy était présent, en janvier 1771, au coup d'état Maupeou, lorsque le chancelier, « armé jusqu'aux dents, » porta « l'abomination de la désolation dans le sanctuaire de la justice, » non sans risque d'être « enlevé et étouffé » en traversant la foule indignée. Le récit qu'il a laissé de cette journée est une des pages attachantes de ses mémoires par le sentiment de généreuse tristesse dont il est empreint. Trop ému pour se borner au rôle de rapporteur et de copiste, Hardy intervient en son propre nom et fait sa profession de foi. Dans le trouble où la violence a jeté les meilleurs esprits, cet honnête homme sent le besoin de s'expliquer avec lui-même et de voir clair dans son opinion. Il interrompt l'histoire de l'attentat, et lui, si discret sur tout ce qui a trait à sa personne, il croit devoir écrire, à la date du 12 novembre 1771, la déclaration suivante qui prouve jusqu'à quel point les Parisiens de ce temps-là prenaient à cœur les affaires de leur pays : « Très incertain sur les conséquences et la tournure ultérieure des affaires actuelles de la magistrature, je consigne ici une espèce de profession de foi politique relative à ces événemens, quelle qu'en doive être l'issue. C'est la mienne et je crois pouvoir me flatter que c'est en même temps celle de tout bon Français. Quoique je ne me sois jamais regardé que comme un atome dans la société, je crois mériter d'y tenir une place distinguée par ma fidélité inviolable à mon souverain et par mon amour pour sa personne sacrée. Les sentimens que j'ai puisés dans l'éducation et dans les livres ne s'effaceront jamais de mon cœur. Quoique ma fortune soit des plus médiocres par la volonté de la divine Providence, une perspective de 100,000 écus de rente ne me ferait pas abandonner un bien qui m'est cher et qu'on ne peut me ravir, à savoir l'honneur et le véritable patriotisme. Je croirai toujours devoir penser sur les controverses présentes comme les premiers magistrats du royaume et les princes du sang royal, qui ont manifesté leurs sentimens d'une manière aussi authentique que respectueuse pour notre auguste maître dans une protestation solennelle à laquelle tous les bons citoyens ne peuvent s'empêcher de rendre hommage et de souscrire de toute leur âme. *Ita senliebat civis régi et patriæ addictissimus, S. P. Hardy, syndico rei librariæ et typographiæ adjunctus, anno Domini 1771.* » C'est ainsi que le contre-coup des événemens de la politique intérieure allait frapper jusque dans les plus humbles conditions les âmes simples et loyales de cette bourgeoisie patriote. Déjà inquiète, parce qu'elle commençait à prévoir, elle essayait de rassurer doublement ses scrupules en adhérant à la bonne cause et en raffermissant son royalisme contre les entraînemens possibles de l'opposition.

Qu'on ne s'y trompe pas en effet, le bourgeois de Paris au XVIIIe siècle a beau être opposant, il entend rester royaliste. Il en veut aux gens de cour, mais non à la royauté. C'est un conservateur libéral,

Charles Aubertin

un opposant constitutionnel ; la distinction capitale entre la monarchie et le despotisme, distinction si difficile à maintenir en France, il la fait avec une fermeté qui étonne et que nous n'imitons guère. Libre à d'Argenson, un grand seigneur philosophe, de rêver la république dès 1750, et d'imaginer, sur les plans de l'abbé de Saint-Pierre, son maître, une Suisse française ; le bourgeois de Paris, qui rêve peu, ne prend pas la peine de discuter de pareilles idées : elles ne lui viennent pas à l'esprit. Le comte de Maurepas disait : « Sans parlement, pas de monarchie ; » le bourgeois de Paris ajoute : « Sans monarchie, pas de gouvernement, » Ces deux sentimens, invariables, indissolubles, sont le fond même de sa raison, ou, si vous le voulez, de son instinct politique. Aussi, quand il a cessé d'aimer et d'estimer Louis XV, il continue de respecter en sa personne la royauté. On ne saurait croire à quel point ce respect subsiste, au défaut de l'affection trompée et découragée, dans la masse du peuple et de la bourgeoisie, ni combien l'ancienne France s'est obstinée à pallier les fautes du prince, à ne les pas voir, afin de ménager le prestige d'une autorité qu'elle sentait nécessaire. Le règne des maîtresses n'a pas soulevé dans Paris, vers 1740 et 1750, l'indignation qu'il inspire aujourd'hui à la vertueuse histoire ; on ne fut même pas loin d'applaudir aux premiers écarts de Louis XV. « Le voilà devenu honnête homme, répétaient les bourgeois en belle humeur ; cela lui formera le génie et les sentiments. » Surgit l'astre nouveau de la Pompadour ; Barbier s'irrite, mais contre qui ? Contre les faiseurs de chansons satiriques. « Le roi a une maîtresse, dit-il d'un ton dégagé ; mais qui n'a pas la sienne ? » Il ne prend pas garde que cette apologie du prince ne fait guère l'éloge du siècle, ni même du panégyriste. Moins indulgent, Hardy se tait ; le silence est chez lui la forme respectueuse de la désapprobation. Ce janséniste ne touche pas aux maîtresses : pas un mot dans son journal sur Mme Dubarry ; une seule ligne sur Mme de Pompadour, et c'est pour annoncer sa mort. Ne lui demandez donc pas la chronique scandaleuse du règne ; c'est un soin qu'il laisse aux courtisans. S'il s'agit au contraire non de la personne du roi, mais de son gouvernement, — sur ce terrain de l'opposition légale Hardy et Barbier reprennent leur liberté. Il est un abus surtout qui échauffe leur bile : c'est le désordre des finances, ce cauchemar du bon sens bourgeois. « Quel tonneau des Danaïdes que ce trésor

royal ! » lisons-nous dans Hardy. — « Notre pauvre argent ! »
s'écrie Barbier en voyant le splendide gaspillage des écus du tiers-
état, « Après tout, ajoute-t-il avec une ironie toute moderne, qui
pourrait-on choisir de mieux dans ce pays-ci pour ministres que
des fripons ? » Le journal de Hardy contient quelques lignes assez
neuves sur la mort de Louis XV. Ce n'est plus le tableau tracé par
Bezenval des intrigues qui divisent la cour pendant l'agonie du
roi ; c'est une vue de Paris pendant les jours qui précèdent et qui
suivent ce grave incident. Nous recueillons l'impression du dehors
et la rumeur populaire. L'aspect général est calme, l'indifférence
paraît dominer ; la police, il est vrai, étouffe jusqu'aux paroles.
Hardy a une façon particulière, et qui sent bien son janséniste,
de mesurer le degré d'impopularité où le roi est descendu. Un
chanoine de ses amis lui a fait part du calcul suivant. « En 1774,,
il avait été payé à la sacristie de Notre-Dame 6,000 messes pour
la guérison de Louis XV ; en 1757, après l'attentat de Damiens, le
nombre des messes demandées ne s'était élevé qu'à 600 ; dans la
maladie actuelle, il est tombé à 3 ! » Voilà pour Hardy un infaillible
thermomètre du sentiment public. Tomber de 6,000 messes à 3,
quelle chute et quel abaissement ! Est-il une marque plus sûre de la
révolution accomplie pendant ces trente années dans les esprits !
Outre la popularité du roi, la ferveur religieuse aussi avait baissé à
Paris, et s'était refroidie depuis 1744 ; cette autre variation pourrait
bien être pour quelque chose dans le petit nombre « des messes
demandées : » il y a là un signe des temps auquel ne paraît pas
songer notre janséniste. Quand un roi meurt, cela invite à juger
le règne ; Hardy, même alors, s'interdit toute réflexion sévère : il
rejette le mal qui s'est fait sur les ministres, « c'est leur conduite
odieuse et blâmable qui a perdu Louis XV. » Sommes-nous donc
en pays de monarchie constitutionnelle ? Hardy parle comme un
publiciste nourri dans les traditions du plus pur parlementarisme.
L'ancienne France acceptait d'instinct, sans la connaître, cette
fiction de l'irresponsabilité royale qu'on a si vainement essayé
d'inculquer au public moderne ; autant que le permettaient des
fautes trop personnelles, elle séparait le roi de son gouvernement.
Sa droiture suppléait à la science qui lui manquait ; elle avait l'esprit
sans la lettre, elle avait les mœurs des institutions dont nous avons
la théorie. Ce qui est pour nous une vue abstraite de l'intelligence

Charles Aubertin

était pour elle un sentiment. Par quel méchant destin, en gagnant l'apparence, avons-nous perdu la réalité ?

Un mobile moins généreux, mais très politique, la peur, agissait comme stimulant sur ce fidèle royalisme : le bourgeois craignait le peuple et s'en défiait. Si vaillant qu'il soit devenu, il ne s'est pas guéri de cette frayeur-là, comme chacun sait. Et pourtant, quel populaire doux et traitable que celui qui épouvante, nos chroniqueurs ! Il y a chez lui une humeur débonnaire, et, quand par hasard il se fâche, une facilité d'apaisement qui fait sourire un lecteur moderne. Marais raconte que, dans un des plus violens tumultes de la régence, un homme du peuple ayant été blessé et cru mort, la foule ameutée le porta au Palais-Royal en criant vengeance. Tout à coup le *cadavre* se ranime et demande à se confesser. « On l'a mis contre une borne, dit Marais, on lui a été chercher un confesseur. Le peuple l'a laissé là et s'est dissipé de lui-même. » On dira ce qu'on voudra des fureurs de la ligue, mais les émeutiers qui se confessent n'ont jamais sérieusement troublé le sommeil des gouvernemens. Ces émotions si légères suffisaient à glacer d'effroi les bourgeois ; ils se rejetaient dans les bras du pouvoir, oubliant leurs belles chaleurs de fronde et d'opposition. « Rien n'est plus redoutable, écrit Barbier, que le tumulte du peuple de Paris ; on ne saurait acheter trop cher la tranquillité publique. » Voilà l'éternel cri des réactions : « l'ordre à tout prix ! » Pendant les troubles de 1775, un attroupement pille les boutiques sous les fenêtres de Hardy ; son imagination en demeure frappée. « Je vois encore, dit-il, enfoncer à coups de pinces de fer la porte d'un boulanger qui était vis-à-vis de ma maison. Un grand et fort homme en veste grise, portant un chapeau rabattu et presque blanc de poussière, se distinguait par sa fureur et paraissait conduire toute la bande… » Manifestement l'apparition du « grand et fort homme » donne le frisson à notre observateur ; il a vu et presque touché le spectre de l'émeute. Soyons justes envers les trembleurs de ce temps-là ; ils étaient du moins conséquens : jugeant le roi nécessaire, ils avaient le bon sens de respecter le roi.

Un dernier trait achèvera cette peinture, dont les couleurs sont empruntées à l'histoire la moins suspecte. Le bourgeois de Paris au XVIIIe siècle a la philosophie de sa condition. Ce n'est point un ambitieux inquiet, un vaniteux aigri ; loin de se tenir humilié de n'être qu'un bourgeois, il en serait plutôt fier, à la façon d'un sujet anglais ou d'un citoyen romain. Son esprit est tourné à voir ce qu'il a et non ce qui lui manque. Dans aucun de ces quatre auteurs de mémoires, vous n'apercevez trace des jalousies rancunières et des convoitises haineuses qui allaient bientôt, comme une peste publique, envahir et gâter la nation ; leur tranquille sagesse est pure de tout ferment malsain. Nous connaissons la candeur et le désintéressement de Hardy. Le journal de Barbier respire d'un bout à l'autre la bonne humeur ; ce sont les mémoires d'un homme heureux : vrai type du satisfait, il est aussi content des autres que de lui-même. Marais, homme de talent, jouit de l'estime qu'il inspire ; il vit tout glorieux dans la pénombre de quelques amitiés illustres, et c'est à peine si l'ambition académique, imprudemment allumée dans son cœur par les promesses du président Bouhier, le trouble un instant de ses fumées. Sans doute, lorsque le soir venu ces bons bourgeois écrivent à huis-clos sur leurs registres et causent la plume à la main avec eux-mêmes, leur verve se donne carrière parfois aux dépens de la noblesse : ils ne se refusent pas la satisfaction de médire du fracas qui les étourdit et du scandale qui les révolte ; mais dans ces épanchemens si intimes, où toute réticence est inutile, vous ne rencontrez à aucun moment l'invective passionnée, virulente, la tirade à la Figaro, — il n'y a point là un trop-plein de fiel et de colère qui brûle de se répandre. Ils ne roulent aucun projet de vengeance et de destruction. Serait-ce que, tout en sentant l'injustice du privilège et l'orgueilleuse suprématie de la naissance, ils en portent légèrement le poids ? ou plutôt le secret de leur modération n'est-il point dans la dignité même de leur indépendance ? Maîtres chez eux, ayant conscience de la supériorité croissante des races sérieuses sur les races frivoles, ils tenaient la noblesse à distance, et ne songeaient pas plus à lui faire la guerre qu'à lui faire la cour ; ils suivaient une voie qu'elle ne traversait pas. Combien la vie ainsi pratiquée différait des existences fiévreuses qu'excite et développe le climat du nouveau Paris ! Les habitudes cosmopolites de l'esprit n'avaient pas encore leur raison d'être ; la manie de voyager en idée à travers l'impossible et l'infini ne tentait personne. Un horizon aux lignes précises traçait autour des imaginations les plus aventureuses un cercle infranchissable : la folle du logis était en cellule. L'extérieur même du vieux Paris,

Charles Aubertin

l'obstacle des rues étroites et sombres, la masse irrégulière des noirs quartiers agglomérés, figuraient aux yeux ces barrières légales et ces clôtures multipliées où l'ancien régime claquemurait l'activité des individus ; on était citoyen de son quartier, habitué de sa paroisse, membre de sa corporation. La vie s'écoulait, paisible, uniforme, développant comme une eau captive son cours tracé d'avance sans jamais perdre de vue l'ombre du clocher natal, l'église où reposaient les souvenirs pieux de la famille, où la même tombe entr'ouverte attendait les générations. Entre ce terme toujours présent et ce point de départ si rapproché, les formes réglées du devoir professionnel, les affections, resserrées elles-mêmes comme cette vie sans rayonnement, s'emparaient de l'homme, occupaient son âme et remplissaient la capacité de son esprit. C'est ce qui nous explique pourquoi ces mémoires contiennent une foule de détails dont l'intérêt, exclusivement local et municipal, est nul pour la postérité. Tous ces *faits divers*avaient eu leur jour de vogue et de bruit dans le voisinage ; or il est clair que le bourgeois de Paris, en rédigeant sa chronique, songe à son quartier avant d'penser au reste du monde. Sur des hommes façonnés par ce régime, immobilisés dans ces habitudes séculaires, quel a dû être l'effet de surprise et de trouble causé par les événemens de 1789 et aggravé par les catastrophes imprévues, quoique préparées, qui se déroulèrent avec une destructive rapidité ? Comment la révolution a-t-elle été possible dans un pays où la masse était encore si solide et si calme ? Il faut dire que, sous le règne de Louis XVI, quelques années avant la crise finale, les mœurs de la bourgeoisie parisienne avaient subi une notable altération. Le tableau que nous venons de tracer est vrai, surtout si on l'applique aux générations du XVIIIe siècle qui avaient déjà disparu ou qui avaient vieilli en 1789 ; l'empreinte de l'ancienne discipline était si forte sur celles-là qu'elles résistèrent, à l'action d'une atmosphère dissolvante. Derrière les premiers rangs, chaque jour éclaircis, montait une impatiente jeunesse qui apportait dans les vieux cadres, dans les traditions discréditées, tous les fermens de l'esprit nouveau. On vit alors se produire une de ces révolutions qu'une expérience réitérée nous a rendues si familières : l'opposition radicale qui grandissait à côté de l'opposition parlementaire, à laquelle appartenait la bourgeoisie de Paris, passe au premier plan et déborde le parti conservateur libéral ; favorisée comme toujours par l'imbécillité d'un pouvoir corrompu, elle prend la tête du mouvement et lui imprime l'impulsion révolutionnaire. Les symptômes de ce changement n'ont pas échappé à notre observateur, que ses défiances religieuses avertissaient, il les a notés plus d'une fois avec tristesse ; mais la perturbation dont il se plaint est si grave qu'il en est atteint lui-même à son insu. A partir de 1787, ce fidèle royaliste, cet excellent chrétien, opposant plein de scrupules, cède à je ne sais quels entraînemens séditieux. Il a pris en haine le gouvernement et la noblesse ; son journal n'est plus qu'une diatribe contre l'autorité : il applaudit à l'émeute et flétrit la répression. Hardy est sous l'influence régnante. L'homme d'ordre s'est changé en révolutionnaire, il a pris feu dans l'air embrasé qu'il respire. — Examinons cette dernière partie de son journal ; voyons comment il a raconté les préludes et accueilli les débuts de la révolution.

Partie III

Analyser l'esprit public à la veille de 1789, en ce moment de décomposition sociale, serait un travail très délicat, à peu près neuf même aujourd'hui, et qui exigerait avec beaucoup d'étude et de clairvoyance une rare sincérité. Les historiens de la révolution sont trop pressés d'entrer au cœur du drame pour languir sur les faits de l'avant-scène ; ils sont trop préoccupés de l'idée politique et de la conclusion future de leur récit pour porter un regard absolument libre dans la question des origines. Sans vouloir entamer hors de propos une matière aussi compliquée, nous y toucherons par quelques points où le témoignage de Hardy vient confirmer ou modifier l'opinion reçue.

Il nous signale d'abord, tout en faisant en son propre nom quelques réserves, un sentiment très caractérisé, très peu combattu, qui se dégageait de ce fond troublé et dominait les divergences ; tous les contemporains l'ont décrit après l'avoir éprouvé : c'était, à côté de la passion des nouveautés politiques, une confiance sans bornes dans le dénoûment rapide et inoffensif de la révolution. L'ardeur du désir était égalée par l'enthousiasme de l'espérance ; les plus extrêmes divisions de l'esprit public fraternisaient dans un optimisme exalté.

Charles Aubertin

Nous n'en sommes plus certes à nous étonner de la fatuité des illusions où s'endort notre pays à l'approche des pires désastres, ni de la puissance d'ensorcellement qu'exerce sur des cervelles françaises le seul nom de révolution ; pourtant le contraste est si fort entre les riantes prévisions de 1788 et la réalité qui les a démenties, qu'on a toujours quelque peine à comprendre comment un peuple intelligent a pu si étrangement s'abuser, et courir au-devant de 93 la tête pleine d'idées flatteuses et de rêves enchanteurs. Remarquez-le bien, ce n'était pas alors comme aujourd'hui l'erreur factice et intéressée de quelques-uns, c'était la naïve méprise de tous ; on abondait avec l'effusion d'une entière bonne foi dans la joie de ces brillans présages. Providence des grands et des petits, appelée par les privilégiés aussi ardemment que par les déshérités, la révolution devait résoudre les difficultés, combler les exigences : sa panacée allait guérir tous les maux ; chacun la façonnait à son image et la chargeait de réaliser son utopie personnelle. Tout le monde y voyait quelque chose à gagner, personne n'y voyait quelque chose à perdre : loterie magnifique où tous se flattaient d'avoir un bon billet. Il n'était pas jusqu'au parti de la cour qui ne l'invoquât par dépit contre des ambitions rivales, par ressentiment contre le roi et ses ministres, pour se venger d'un dégoût et d'un mécompte ; l'inévitable catastrophe devenait la suprême ressource de ceux-là même sur qui elle allait fondre comme un châtiment, et l'on voyait, dans cette infatuation ridicule des égoïsmes d'antichambre, les « talons rouges » attendre des états-généraux l'abaissement du pouvoir central et la restauration de la féodalité.

Le passé était si méprisé qu'on ne s'avisait guère d'y chercher des leçons ; on ne rappelait les dates sinistres des anciennes tragédies de notre histoire que pour faire ressortir la différence absolue des temps et des mœurs. Comment d'ailleurs les révolutions ne se croiraient-elles pas originales, ayant la prétention de tout renouveler ? Deux siècles s'étaient écoulés depuis la ligue, et quels siècles ! Élevé si haut par une suite admirable de progrès, l'esprit humain allait-il brusquement retomber en pleine barbarie ! On avait changé et perfectionné tant de choses depuis le XVIe siècle : on avait adouci les mœurs, orné les esprits, embelli la vie ; la société, transformée par des arts ingénieux, s'était revêtue de brillantes apparences. On s'imaginait que ce travail habile avait atteint et entamé dans son essence la nature même, l'immuable fonds de sauvage perversité ; on allait se convaincre que, si les prétextes changent ainsi que les victimes, la puissance de scélératesse dont les passions en délire sont capables reste entière, et que tout le progrès accompli consisterait à remplacer le fanatisme religieux par un fanatisme sécularisé. Comme tous les Parisiens de 1788, Hardy est optimiste ; malgré son âge et son caractère réfléchi, le mouvement général de confiance et d'enthousiasme l'a gagné, il bat des mains aux première signes de force que donne la révolution, il célèbre le 14 juillet, se félicite des 5 et 6 octobre : c'est un patriote. On voit cependant une lutte se livrer chez lui entre cette ivresse communiquée et son flegme habituel. L'impétuosité des événemens lui porte à la tête, il a le vertige tout en admirant ; sa joie patriotique laisse deviner des frayeurs honteuses d'elles-mêmes qui attendent le moment d'éclater. Il ne doute pas que l'assemblée ne sauve la France ; seulement il trouve étrange que le succès définitif recule et se dérobe à chaque victoire de la bonne cause. Le drame est superbe, mais trop long, il le voudrait plus simple et plus clair ; dès le mois d'octobre 1789, son élan se fatigue, il aspire au dénoûment. Ainsi l'on se figure bon nombre de bourgeois de Paris ses contemporains, éblouis d'abord et entraînés avec lui, pris ensuite de lassitude, comme des hommes soumis à un régime excessif qui, en les surexcitant, les accable. Ils n'étaient pas au bout ; il leur restait à savoir ce qu'il en coûte pour sortir de ces situations extraordinaires, et ce qu'elles contiennent de péripéties et d'émotions forcées.

Il ne faut pas demander aux mémoires de Hardy des vues bien profondes sur les commencemens de la révolution, cette philosophie politique passe son intelligence ; mais il nous donnera le détail vivant de l'agitation révolutionnaire, l'aspect des rues populeuses mises en rumeur par le tocsin, en un mot la série accidentée des innombrables petits faits qui, observés à distance et groupés dans un seul coup d'œil, forment la masse imposante des grandes époques historiques : là est l'intérêt de son témoignage. Il a fraternisé avec les combattans du 14 juillet ; un flot de peuple insurgé a passé sous ses fenêtres ; il a vu Paris « ivre de joie » à la nouvelle de ce fait d'armes « surnaturel, » et la garde nationale, « par une autre espèce de miracle, » s'organiser « en moins de vingt-quatre heures. » Dans son district, il a voté aux élections des premiers

Charles Aubertin

officiers ; s'il n'a pas pris lui-même la Bastille, il a « illuminé » le soir de la conquête, et assisté le surlendemain au service funèbre célébré dans sa paroisse en l'honneur des victimes. Pendant le tumulte de ces chaudes journées, tandis que les institutions nouvelles naissent bruyamment de l'inspiration populaire et de la nécessité, quelques débris du moyen âge essaient de se ranimer à cette ardeur, de se rajeunir sous les couleurs nationales. Croirait-on par exemple que la basoche de Philippe le Bel s'est levée, elle aussi, contre la Bastille, et a soutenu le mouvement les armes à la main ? Elle avait équipé deux bataillons fort alertes qu'un vieil ami du parlement, tel que Hardy, n'a garde d'oublier : « aujourd'hui, 14 juillet, entre quatre et cinq heures de l'après-midi, j'ai vu de mes fenêtres briller au soleil une prodigieuse quantité d'armes sur le pont Notre-Dame ; c'était la compagnie des clercs de la basoche du Palais, composée de 1,500 jeunes gens qui formaient une superbe troupe, et s'en allaient par la rue de la Vieille-Draperie au Palais pour le préserver de toute attaque venant des troupes royales ; à ceux-ci s'étaient réunis 1,500 autres jeunes gens de la basoche du Châtelet. » Classé par son âge dans les sédentaires (il avait plus de soixante ans), Hardy n'a joué aucun rôle actif et marquant dans ces démonstrations, il suivait du regard les événemens avec cette curiosité émue et cette sympathie décroissante dont nous avons parlé ; mais il n'était pas homme, en de pareilles alertes, à fuir le jour et à craindre le bruit. Il allait aux « klubes, » il était assidu aux séances orageuses de son district des Mathurins, où l'on rejeta plus tard le *veto* du roi ; le 16 juin, quatre jours avant le serment du Jeu de Paume, il se trouvait à Versailles dans une tribune du tiers-état. Là il entendit Mirabeau et Sieyès proposant de remplacer le nom d'états-généraux par celui d'assemblée nationale ; le président Bailly « le charma par la noble gravité de son attitude, » mais le sans-façon des députés lui déplut. Il s'étonnait de les voir siéger sans costume ; ce mépris de l'étiquette, indice léger de changemens si graves, choquait ses habitudes, et amoindrissait à ses yeux la majesté de la nation. — Comme tout bon patriote, une alarme provoquée par des bruits populaires le tenait en souci : Versailles, disait-on, pour se défaire de Paris, complotait d'y mettre le feu ; « instruite de cet infâme projet, la ville faisait boucher les soupiraux des caves qui donnaient sur la rue, car on avait déjà essayé d'y jeter des matières combustibles. »

Partie III

Nous sommes tellement accoutumés à traiter d'impie et d'athée la révolution de 1789, qu'on ne s'attend guère à voir défiler dans les rues insurgées des processions bannières au vent ; elles sont nombreuses pourtant et fort brillantes, Hardy les compte, et, comme il est sur leur chemin, aucune ne lui échappe. Elles vont toutes en pèlerinage, chargées d'*ex-voto*, à Sainte-Geneviève, entre deux haies de gardes nationaux ; il en vient de Belleville, du port au blé, du faubourg Saint-Antoine, de tous les quartiers de Paris : elles portent des gâteaux et des fleurs ; chaque bataillon de la nouvelle milice fait bénir son drapeau. Les héros de la Bastille conduisent en grande pompe « un chef-d'œuvre de menuiserie » qui figure la forteresse, et sur lequel flottent les étendards conquis. La haine est oubliée ou n'a pas eu le temps de naître ; une effusion de commune espérance épanouit tous les cœurs : « prêtres, moines, ouvriers, soldats, citoyens et citoyennes, » gravissent en troupes joyeuses les pentes escarpées de la montagne.

Le journal s'arrête brusquement et sans explication à la date du 14 octobre 1789. A partir de ce moment, nous perdons la trace de l'auteur dans l'histoire du temps. Que signifie cette défaillance subite qui peut-être, dans l'intention première de Hardy, devait se borner à une courte interruption ? S'est-il senti comme accablé de l'effrayante richesse du sujet ? A-t-il compris que ces événemens d'une violence inouïe et d'une incalculable portée ne pouvaient avoir pour historien un homme tel que lui ? A-t-il craint d'être un jour trahi par la découverte de ses pensées secrètes sous le régime soupçonneux des zélateurs de la liberté ? Toutes ces conjectures sont plausibles, et nous croyons volontiers que sa plume s'est refusée à décrire ce qui a suivi. Du moins il est sûr que ce n'est pas la mort qui la lui fait tomber des mains ; Hardy vivait encore en 1790. Le 26 mars, il versait les deux tiers de sa contribution patriotique ; il en recevait quittance le 4 juin. Les registres de la chambre syndicale nous apprennent qu'il assistait le 12 juillet « avec les officiers en charge de sa communauté » à la distribution solennelle des prix du concours général, « où siégeaient sur l'estrade douze représentans du peuple et une députation de la ville ayant à sa tête M. Bailly. » Sans aucun doute, la chute successive des institutions et des pouvoirs de l'ancien régime, la suppression du parlement et du Châtelet, la dissolution de la communauté des libraires et imprimeurs de Paris,

Charles Aubertin

la journée du 10 août, le régicide du 21 janvier, les malheurs de l'église profanée et persécutée, retentirent douloureusement dans son âme : tout ce qu'il avait aimé en ce monde succombait à la fois. Il nous semble impossible qu'il ait résisté à des chocs si rudes. Qui sait même si, confondu parmi d'obscures victimes, il n'a pas été martyr de sa foi religieuse ou de ses convictions royalistes ? Il y a grande apparence qu'il n'a pas vu le XIXe siècle ; son nom ne figure plus, en 1804, dans une liste complète des libraires de Paris que nous avons consultée. Peu importe d'ailleurs la date précise de sa mort, bien difficile à retrouver dans la récente dispersion des actes authentiques ; à dire le vrai, il est mort pour nous du jour où ses mémoires ont pris fin.

De toutes les ruines consommées par la fatalité révolutionnaire, nulle assurément n'est plus regrettable que la perte de ces fortes mœurs qui caractérisaient autrefois la bourgeoisie française, la bourgeoisie de Paris notamment, et dont nous avons voulu donner ici un aperçu. Submergées dans l'orage, quand la tourmente s'apaisa, elles n'étaient plus. Cet esprit autrefois si ferme et si sage manque désormais de règle et d'équilibre ; il s'abat ou s'emporte, il vit dans l'excès et la convulsion. Plus d'une fois depuis quatre-vingts ans, à travers les fortunes diverses de nos institutions semi-libérales, on a senti combien cette base indispensable manquait à l'établissement d'un régime définitif. On jetait alors un regard d'envie sur l'étranger ; on admirait, et à juste titre, le bon sens florissant de la bourgeoisie anglaise, qui porte avec aisance le poids d'une liberté illimitée, la sécurité d'un trône, la puissance et l'honneur d'un vaste empire. Si l'on veut bien y prendre garde, cette virile sagesse n'a pas toujours été refusée au génie de la France ; le tiers-état, trop méconnu, la puisait comme à sa source dans l'inviolable fidélité d'attachemens héréditaires et de convictions énergiques, dans ce fonds vertueux et probe qui soutenait les grandeurs périlleuses et les brillantes audaces de la patrie. Un destin jaloux, en lui mesurant d'une main avare une liberté précaire, n'a pas permis à ce fier esprit de se déployer et de s'affermir : l'espace et le soleil lui ont manqué, il n'a pas rempli sa légitime carrière ; mais ceux qui, écartant les surfaces de l'histoire, aiment à pénétrer dans les profondeurs de l'existence civile et politique de notre pays, y découvrent à chaque pas les signes certains de cette richesse morale, ce trésor de mérites silencieusement accumulés par des générations patientes, stérilisés par un despotisme frivole, puis tout à coup dissipés en quelques années d'égarement.

Pouvons-nous espérer que tant d'expériences décisives, anciennes ou récentes, ranimeront enfin au cœur de la bourgeoisie contemporaine le sentiment de ses devoirs politiques et de sa responsabilité sociale ? Ferait-elle donc moins pour la France nouvelle, où elle est tout, que ne faisaient pour la France d'autrefois ces obscurs patriotes si souvent payés de leur dévoûment par le dédain aristocratique et l'ingratitude royale ? En réhabilitant les traditions de bon exemple, les habitudes sévères et la dignité de la vie, qui sont aujourd'hui, comme avant 1789, sa force et sa vraie gloire, — en répudiant ce goût ridicule d'un luxe énervant, cette gauche imitation de scandales, dont elle n'aura jamais le triste talent et l'impertinente originalité, — en donnant au peuple la leçon vivante d'une fermeté sensée dans la pratique des institutions et dans la défense des principes conservateurs, elle rétablira son autorité ébranlée, elle remplira ce rôle modérateur et dirigeant qu'elle semble n'avoir ambitionné que pour l'abandonner, — elle contribuera efficacement, par cette réforme sur elle-même, à rendre à notre pays la vigueur morale, la trempe de caractère qui est la condition d'une liberté féconde et d'une puissance durable.

ISBN : 978-1533131089

Charles Aubertin